Henri **COLLIGNON**

Sept Discours

Finistériens

AVEC UN PORTRAIT

Prix : 20 Centimes

QUIMPER

G. LE BRAS, LIBRAIRE-ÉDITEUR, RUE KÉRÉON

1907

SEPT DISCOURS

Sept Discours

Finistériens

d'Henri COLLIGNON

Docteur en Droit

Ancien Préfet du Finistère.

QUIMPER

C. LE BRAS, LIBRAIRE-ÉDITEUR, RUE KÉRÉON

1907

PRÉFACE

Certains journaux et certaines gens m'ont fait un grief d'aimer les Bretons. Je m'en fais honneur et je dédie aux amis que j'ai parmi eux ces pages où ils me reconnaîtront ; quelques-uns prendront plaisir à les lire, et je serai heureux si elles peuvent faire durer mon souvenir dans leur cœur.

H. C.

1

Réponse aux compliments de bienvenue du Président du Conseil général.

Messieurs,

Je suis très touché des termes dans lesquels M. le Président du Conseil général vient de me souhaiter la bienvenue : je lui en exprime toute ma gratitude.

Je sais de longue date le loyal attachement de vos populations à la République. Je sais, par vos anciens Préfets, quelles sont vos traditions de courtoisie et de bienveillance réciproque. J'ai pu, déjà, apprécier le charme pénétrant de ce département ; je n'y suis d'ailleurs pas venu au hasard des promotions : j'en avais fait, depuis longtemps, le but définitif, le but final de mes ambitions. Un heureux concours de circonstances m'a permis de l'atteindre : je n'ai plus rien à désirer. Vous le voyez, M. le Président, voilà déjà un premier point sur lequel nous sommes en parfaite communion d'idées. Je ne souhaite plus, Messieurs, que de collaborer avec vous à la prospérité du Finistère, aussi longtemps que je conserverai votre confiance : lorsque vous me connaîtrez mieux, vous saurez que mes protestations ne sont jamais banales. Ce n'est cependant pas seulement votre confiance que je désire, c'est aussi votre amitié. J'y attache un grand prix parce que je sais qu'en ce pays les amitiés sont précieuses et fidèles à qui sait les mériter.

À défaut de qualités plus brillantes, je vous apporte une bonne volonté que rien ne lasse. Je n'aurai, d'ailleurs, aucun mérite à en faire preuve : la satisfaction que j'éprouve à me trouver enfin dans ce département, où j'ai si longtemps désiré vivre, suffit à m'y rendre tout travail agréable et tout effort facile.

23 avril 1900.

II

Banquet de la 235e Section des Vétérans de 1870-1871 à Quimper.

MESSIEURS,

Je suis venu avec plaisir au milieu de vous. Je connais depuis longtemps vos sociétés. Je sais leurs raisons d'être. Vous avez assisté à l'année terrible ; vous avez vu un chef d'Etat qui s'était emparé du pouvoir par la force engager une guerre pour laquelle rien n'était préparé et livrer à l'ennemi l'armée de la France. Vous l'avez vu trahir le peuple, de la sécurité duquel il était d'autant plus responsable qu'il avait pris sur lui de s'en charger. Vous avez vu ce peuble, indigné, ramasser le drapeau tombé, ressaisir le pouvoir abandonné, prendre les armes, prêt à tous les sacrifices ; vous vous en souvenez, vous en étiez ! Vous avez essayé de renouveler les prodiges des premiers soldats de la République ; mal vêtus comme eux, mal armés comme eux, vous avez voulu, à votre tour, repousser l'invasion étrangère. Vous avez combattu, souffert ; beaucoup d'entre vous sont tombés sur les champs de bataille ; beaucoup sont morts de l'hiver terrible que vous avez passé sans abri. Mieux que personne, vous savez combien d'héroïsme s'est dépensé dans cette guerre ; mieux que personne vous savez quels efforts ont été faits et pourtant nos armées improvisées ont suivi la route douloureuse de la retraite, et votre cœur saigne encore aujourd'hui.

Pourquoi en a-t-il été ainsi ? parce que les conditions de la guerre ne sont plus les mêmes qu'il y a cent ans. La valeur personnelle ne suffit plus à assurer la victoire. La guerre de notre temps fait appel à toutes les sciences humaines. Il lui faut une préparation longue et méthodique. Elle met en mouvement de telles masses que si toutes les parties n'en sont pas exercées, si la bonne direction n'en est pas assurée, c'est la confusion et la défaite

Or, l'Empire en désertant ses devoirs, n'avait rien laissé à la France ! Il fallait créer de toutes pièces une organisation nouvelle ; le gouvernement de la République se mit à l'œuvre. Depuis trente ans il a consacré tous ses soins à la réorganisation militaire de notre pays ; il lui a accordé toute sa sollicitude ; il n'a ménagé ni les efforts ni l'argent. Il a poursuivi sans trêve ce but : doter la Patrie d'une armée nombreuse, exercée, d'un corps d'officiers instruits, libre de toute préoccupation politique, uniquement renfermé dans son œuvre de sécurité nationale.

On peut reconnaître que quelque chose a été fait. La transformation que la République a apportée dans le pays n'a pas été plus grande que celle qu'elle a opérée dans notre régime militaire. L'armée nouvelle n'est plus une caste dans la nation, une force à la disposition d'un homme ou d'un parti : l'armée de la République, c'est, en temps de guerre, la nation toute entière en armes ; c'est en temps de paix, l'école de la défense nationale. En passant dans ses rangs la jeunesse y puise l'esprit de discipline sans lequel les armées ne sont que des foules, l'enthousiasme du devoir sans lequel elles ne sont que des troupeaux. Elle y acquiert les connaissances spéciales sans lesquelles les meilleures volontés sont impuissantes, et rentre dans la vie civile prête à répondre au premier appel.

N'est-il pas vrai que l'armée, organisée ainsi, est l'armée la plus nationale, la plus belle armée qu'ait jamais eu la France en temps de paix ? Eh bien ! qu'on ne l'oublie pas : cette armée est l'œuvre de la République ; elle est la chair de sa chair et le sang de son sang, et la République n'eût-elle rien fait d'autre que, quelles que soient leurs opinions, tous les Français qui font passer en premier l'amour de la France lui doivent, au moins, cette reconnaissance.

Certes ! les malheurs qui nous ont frappés il y a trente ans, ne pourraient pas se renouveler aujourd'hui ; mais ils ont laissé chez les hommes de nos âges une trace profonde, et c'est une commune douleur qui vous a tout d'abord rapprochés. Votre première œuvre a été une œuvre mutualiste, œuvre saine s'il en est ; mais vous avez fait autre chose. Libres de toute obligation militaire, vous avez compris que vous n'étiez pas exempts de tout devoir. Vous avez voulu rappeler aux jeunes générations nos malheurs et nos espérances. Vous leur dites dans quels gouffres l'aveuglement et l'impéritie ont, un jour jeté notre pays ; vous leur donnez cet exemple d'hommes qui ne doivent plus rien à la loi et qui seraient prêts à se mettre à nouveau au service de la République si ses frontières étaient encore menacées.

On ne fait aucune politique dans vos sociétés et c'est la meilleure politique qu'on y puisse faire. Par leur nature même, elles font appel à toutes les bonnes volontés, et en cela elles font encore œuvre sociale et républicaine : elles rapprochent des hommes qui ne se seraient jamais connus : elles leur montrent qu'on peut être des braves gens et ne pas penser de la même manière sur toutes choses. Elles contribuent à l'apaisement des esprits : elles travaillent par leur seule existence à la réconciliation des Français par la République.

Verrons-nous cette réconciliation si désirable ? Pourquoi non ? On l'a dit il y a longtemps déjà, c'est la République qui nous divise le moins : elle respecte toutes les croyances ; elle laisse un libre essort à toutes les pensées, même à celles qui lui sont le plus hostiles. Il a fallu l'assaut furieux qui lui a été donné ces temps derniers pour la faire sortir de son expectative bienveillante...

Quel régime aurait résisté aux entreprises qu'elle subit depuis trente ans sans qu'elle en soit ébranlée ? Que n'a-t-on pas fait pour la discréditer ? Et pourtant, de jour en jour, les suffrages qu'elle recueille sont plus nombreux et chacune des tentatives de ses adversaires a été suivie d'un accroissement du sentiment républicain dans le pays ! Hier encore que n'a-t-on pas dit, écrit, tenté pour faire échouer cette œuvre grandiose qui a forcé l'admiration des plus prévenus ? vous souvenez-vous de cette agitation de la rue, de ces campagnes de presse faites pour inquiéter les étrangers et les détourner de venir à Paris ? On espérait qu'un échec de l'Exposition serait un échec pour la République. On y mettait tant d'ardeur qu'on ne semblait pas se douter que ce serait en même temps un échec pour la France. Et ce sont ceux-là même qui menaient ces campagnes qui nous accusent, Vétérans, de manquer de patriotisme !

Vous avez vu le résultat : une tentative aussitôt réprimée, et quel triomphe pour la France républicaine ! Quel élan nouveau donné à la République ! On a pu lire dans des journaux étrangers, d'ordinaire peu bienveillants, que rien de ce qu'avait enfanté jusqu'ici le génie de l'homme n'était comparable à ces prodigieuses assises auxquelles la République avait convié les peuples.

Vous souvient-il du débordement d'injures, de diffamations, de calomnies dont on a essayé de salir ceux qui représentent la France aux yeux du monde, sans paraître comprendre qu'on lui ferait partager le discrédit dont on espérait entourer ses gouvernants ? Vous ne l'avez pas oublié, certainement, car c'est là le procédé le plus propre à faire naître l'indignation dans des âmes comme les vôtres, Bretons loyaux et fidèles. Et vous n'êtes pas les seuls dont la conscience en ait été révoltée. Il a contribué à grandir cet élan qui a groupé autour du vénéré Président de la République les représentants de plus de vingt mille communes. Ils sont venus de partout protester, avec quel enthousiasme ! de leur attachement aux institutions républicaines, de leur respect pour le chef de l'Etat. Et combien seraient venus qui n'ont pu le faire, faute de ressources !

Que n'a-t-on pas dit du banquet des Maires ! Je vous dirai, moi, que je n'ai jamais rien vu de plus beau que cette multitude, — la majorité des communes françaises — unie dans une même pensée, heureuse et grave, comme il convient que soit celle d'hommes qui accomplissent un acte dont ils ont conscience. Ce jour-là Paris était à la France et l'on sentait que la France était à la République.

Malgré son éloignement, le Finistère était représenté par cent de ses maires, l'un d'eux n'est pas loin de moi : tous vous diront ce que je vous dis. Les premiers ils ont acclamé la République, tous sont rentrés avec le sentiment qu'ils avaient coopéré à une très grande chose.

Aucune délégation, ne représentait son Département plus dignement que la nôtre : aucune ne lui a fait plus d'honneur. Je puis vous dire que j'ai été fier de lui servir de guide et de la présenter au Président de la République. J'ai senti mon cœur battre, quand je l'ai entendu acclamer par la foule, et vous me croyez quand je vous assure que cette journée a créé un nouveau lien entre nous.

Messieurs, ainsi que les délégués de nos communes l'ont fait à Paris, nous allons, en bons citoyens, porter la santé du Président de la République (1). Sa longue vie politique a été une longue abnégation de lui-même, un long dévouement à l'idéal de justice et de fraternité qu'est l'idéal républicain. Il n'a jamais sollicité les honneurs ; il les a reçus comme un devoir toujours accompli. Nul ne mérite plus que lui le respect de tous et la reconnaissance des républicains.

23 décembre 1900.

---

(1) M. Emile Loubet.

III

Distribution des prix aux écoles de filles de Quimper.

MESDAMES, MESSIEURS, MES CHÈRES ENFANTS,

Ne redoutez pas un long discours. J'en fais le moins que je puis ; et j'évite surtout d'en faire lorsqu'un grand nombre de mes auditeurs sont des enfants qui attendent avec impatience le moment où je me tairai ! Je dois cependant vous parler, c'est l'usage : je le veux, aussi, pour vous dire que c'est moi qui ai désiré présider cette cérémonie.

Dès mon arrivée, il y a près de deux ans, — comme le temps passe vite où l'on se plaît ! — M. le Maire de Quimper me pria de présider l'une des distributions des prix aux écoles de la ville. J'acceptai sans me faire prier : il m'était agréable de répondre au désir de sa Municipalité, de lui donner une marque de sympathie, que justifiait tout ce que je savais d'elle, et qui s'étendait à toute la population de Quimper, si fidèlement républicaine, et qui restera républicaine quoi qu'on dise et quoi qu'on fasse.

L'usage donnant, je ne sais trop pourquoi, la priorité au sexe prétendu fort, ce fut la distribution des écoles de garçons que je présidai. Le lendemain, je vins à la vôtre, en simple invité, et je voudrais trouver l'expression juste pour vous exprimer ce que j'ai éprouvé, alors que, ce qui était nouveau pour moi, est pour vous le spectacle traditionnel, banal, peut-être plus encore. Après être monté sur cette estrade, et en me retournant vers vous, j'ai ressenti l'une des impressions les plus délicieuses de ma vie, et j'ai pensé, à ce moment, que pour vous le dire, je présiderais la prochaine distribution des prix des écoles de filles : j'ai offert mes services à M. le Maire, il ne les a pas refusés et me voici.

J'avais eu, tout à coup, une double vision ; celle des choses qui étaient devant moi, celle aussi de choses que j'avais vues autrefois. J'avais eu le souvenir rapide, fugitif — heureusement — de cérémonies analogues où, petites citadines et petites paysannes, abandonnant pour un jour leurs vêtements familiers, s'étaient vu affubler de mousselines mal agencées, de toilettes à la dernière mode, au moins d'intention, et quelle mode, hélas ! gênées dans leurs mouvements et ayant subi pendant des jours et des nuits le supplice des papillottes et des bigoudis. J'ai revu ces pauvres petites figures de chiens savants rouges de contrainte, congestionnées, noyées de frisons disgracieux, telles qu'une tache cramoisie sur une éponge ; ces petites mains embarrassées posées sur la mousseline, comme des mouches sur du lait ; mais, en même temps, je regardais ce que j'avais sous les yeux, longuement, avec une émotion exquise !

Je voyais, sur les bancs, devant moi, des rangées de fillettes vêtues des costumes traditionnels de notre pays — car, qu'ils soient de Bretagne ou d'Alsace, du pays d'Arles ou du Béarn nos vieux costumes sont des costumes de France. Je voyais ces enfants, dans leurs jolies toilettes blanches et bleues, sérieuses comme de petites femmes, gracieuses d'une grâce aisée, de celle que l'on a quand on est soi-même, quand on porte les vêtements de sa race, grâce qui a un charme communicatif que n'a jamais celle qui est empruntée.

C'était une fête pour les yeux ! Quimpéroises blanches et bleues, au petit hennin, Fouesnantaises aux grandes collerettes, Bigouden aux splendides broderies ! Surtout du blanc et du bleu, semé de jolis visages frais, candides, de petites mains posant sur des tabliers de toutes couleurs ; mais combien jolies ces couleurs, et si bien choisies qu'aucune d'elles ne détonnait, ne tirait l'œil et qu'il ne sortait de leur variété qu'un chatoiement très clair, très doux, charmant.

Conservez vos jolis costumes, chères petites filles, conservez-les quand vous serez grandes ; ne vous laissez pas gagner par la folie d'uniformité qui est la maladie de notre temps. Ne rougissez jamais d'être de Quimper ou même du plus petit village du Finistère, non plus que d'en porter la mode. Vos modes, croyez-moi, valent bien celles de Paris ou de Londres — quoique certains élégants soient d'avis que l'on ne peut oser se présenter, nulle part, si l'on porte du linge repassé ailleurs qu'en Angleterre !

Vos costumes ! Je les trouve charmants, et ils ont, croyez-le, une qualité que nul autre ne pourrait avoir : ils sont faits à votre goût, pour vous, pour vos habitudes, pour votre visage, pour votre démarche. Vous les portez aisément, ils ont quelque chose de vous-mêmes et vous leur devez quelque chose en retour. Il faut que chaque peuple que chaque être ait son âme ; il n'est pas mauvais qu'on ait aussi son costume, qu'on en soit fier, qu'on s'y intéresse. On prend plus de soin de soi-même. Voyez combien les jeunes filles qui conservent la jolie coiffe brodée que vous portez ont plus de souci de leur coiffure que celles qui s'accoutument à sortir tête nue et qui, souvent, en arrivent à prendre — en semaine — bien juste la peine de relever leurs cheveux, en désordre souvent, et sales quelquefois.

Ce n'est pas à dire que vos costumes doivent rester immuables, sans que vous les modifiez jamais : ce serait trop demander ; rien n'est immuable et peu importe que vous changiez la dimension de vos coiffes, pourvu qu'elles restent assez grandes pour qu'on les voie encore, ou la forme de vos habits si ces changements sont de vous et vous vont bien.

Je crois, cependant, qu'il faudrait chercher beaucoup et longtemps pour trouver des formes et des couleurs plus jolies que celles dont vos mères revêtent les tout petits enfants, bonbons roses enveloppés d'azur pâle et d'argent ! Demandez à ceux qui sont allés au loin s'ils ont jamais vu quelque chose d'aussi adorable qu'un petit enfant de Quimper.

Que les partisans de l'uniformité me pardonnent ! vous apprendrez aussi bien le français, sous vos jolies coiffes, et vous donnerez à votre pays et à vous-même un charme de plus. Vous apprendrez aussi bien le français, sans oublier, cependant, la vieille langue celtique qui a droit à tout notre respect. Elle est l'aïeule vénérée : elle a sa place dans votre cœur ; mais nous devons tous savoir de notre mieux la langue de la grande Patrie, la langue de la France, qui est devenue, depuis si longtemps, la langue de la science et de la civilisation ! Vous n'aurez, pour cela, qu'à suivre les conseils de vos excellentes maîtresses. Je sais ce qu'elles valent : je sais tout ce qu'elles mettent de talent et de cœur à vous enseigner ; elles sont un peu mères de vos âmes : aimez-les pour cela. N'oubliez rien de votre vie scolaire, rappelez-vous avec soin tout ce que vos institutrices ont fait pour vous ; plus tard vous vous en souviendrez avec reconnaissance : vous comprendrez combien, même dans leurs gronderies, elles ont été bonnes et dévouées et vous les en remercierez du fond de votre cœur. C'est la seule satisfaction qu'elles attendent de leur dévouement ; mais reconnaissez qu'elles la méritent bien ! Et que celles qui quittent définitivement l'école n'en oublient pas tout à fait le chemin. Elles n'y verront que de bons exemples : elles n'y recevront que de bons conseils, elles y trouveront, parfois, un peu du réconfort dont on a si souvent besoin dans la vie.

28 juillet 1901.

IV

Inauguration de l'Ecole de navigation élémentaire et de pêche de Concarneau.

MESDAMES, MESSIEURS,

M. Bouette, le dévoué Directeur des cours de navigation et de pêche de Concarneau, va faire passer devant vos yeux un certain nombre de projections qui pourront vous intéresser, ce après quoi nous rentrerons chacun chez nous ; mais je tiens, avant cela, à remercier les personnes qui ont bien voulu nous apporter, aujourd'hui, le témoignage de leur sympathie.

Je tiens surtout à vous remercier, Mesdames, d'être venues. Votre concours nous assure la réussite. Je vous confie notre école : soyez-en les marraines et que grâce à vous l'enfant prospère. Il ne suffit pas qu'un enseignement soit bien donné ; il faut qu'il soit suivi et je compte sur vous pour lui recruter des élèves et des amis.

Vous l'entendrez critiquer, plaisanter, moquer. Il se rencontre partout des gens qui ont trop d'esprit. On vous racontera, par exemple, que le professeur ajuste un fil à sa règle, une épingle tordue à ce fil et qu'il plonge cette épingle dans un bocal de poissons rouges pour montrer à ses élèves comment on s'y prend pour pêcher à la ligne. Cela s'est dit dans un autre port. Il est facile, d'ailleurs, de multiplier, à l'infini, les plaisanteries de ce goût, et ceux qui sont tentés de les faire sont nombreux : la raillerie a le double avantage de procurer à celui qui s'y livre une réputation d'esprit et de lui permettre de dissimuler son ignorance et sa sottise.

Vous entendrez dire, aussi, que l'on s'est passé, jusqu'à ce jour, d'un enseignement qui n'est pas plus utile aujourd'hui qu'hier. La vérité, c'est qu'il eût été aussi utile hier qu'aujourd'hui.

De jour en jour le poisson devient plus rare sur nos côtes. C'est un fait que personne ne peut nier, et, il n'est pas besoin de dire que plus le poisson est rare, plus le pêcheur a de peine à gagner sa vie ! Cette diminution du poisson provient, en partie, d'une pêche excessive ; elle provient, surtout, de mauvaises pratiques qu'il faut indiquer, et parmi lesquelles on peut citer la pêche du frai, les destructions inutiles d'alevins — et combien d'autres choses !

On me dira qu'il existe des règlements de police de la pêche contre ces mauvaises pratiques. Je répondrai que les meilleurs règlements sont impuissants si les intéressés ne mettent pas de bon vouloir à les observer. La police la plus efficace est celle que font les pêcheurs eux-mêmes dans leurs bateaux, et celle-là se fera toute seule le jour où ils connaîtront bien les conditions dans lesquelles le poisson se multiplie et les moyens d'en assurer la conservation. J'espère qu'avant longtemps des cours seront faits, ici, où il sera enseigné tout ce qui est nécessaire en cette matière, et le jour où les pêcheurs de toute la côte de France s'entendront pour sauvegarder l'avenir, vos enfants ne seront plus exposés, comme ils le sont à présent, à voir arriver le moment où ils chercheraient vainement à gagner leur vie sur nos rivages épuisés.

Certes, le professeur ne perdra pas son temps à enseigner comment se fait la pêche à Concarneau ; mais croyez-vous qu'il soit inutile de savoir comment elle se fait dans les autres ports, sur les autres mers ? Cela élargit l'esprit, cela donne des idées, cela fait connaître des engins que l'on peut adopter ou modifier utilement, cela permet d'étendre son champ d'action.

Croyez-vous que ceux de nos compatriotes qui ont été faire une tentative d'établissement en Tunisie n'auraient pas mieux réussi, s'ils avaient su d'avance qu'ils allaient trouver des espèces de poissons nouvelles, s'ils avaient connu leurs mœurs, s'ils avaient su comment se pratique la pêche en Méditerranée — car elle se pratique tout autrement qu'ici. Je crois, moi, que s'ils avaient été mieux instruits, ils auraient réussi, et je ne désespère pas de voir un jour les bateaux de Concarneau, agrandis et pontés, munis de petites machines auxiliaires à pétrole, comme il en existe déjà à l'île de Groix, aller faire de fructueuses campagnes de pêche jusque sur la côte d'Afrique, car c'est une conséquence de la rareté toujours plus grande du poisson que d'engager les plus hardis d'entre les pêcheurs à aller le poursuivre toujours plus loin.

Jadis, il n'y a pas encore bien longtemps, la pêche se faisait dans des canots de petite taille qui ne s'écartaient jamais de leur port d'attache ; on pêchait devant sa maison. Aujourd'hui, d'année en année, les bateaux deviennent plus grands, on va plus loin, plus au large, on va jusqu'à Roche-Bonne, on va jusqu'au large d'Ouessant, sans cartes, avec de mauvais compas mal réglés, à la grâce de la mer et du vent. Et si les bateaux sont plus grands qu'ils n'étaient il y a quelques années, s'ils ont d'admirables qualités de marche, il leur reste pour la navigation du large un défaut dangereux, c'est qu'ils ne sont pas pontés, que les coups de mer y entrent et y restent. On m'objectera, je le sais, que l'on ne peut pas faire les pêches que vous pratiquez dans des bateaux pontés. Comment font donc les gens de Vendée et de Saintonge ?

J'ai vu à l'Herbaudière, en Noirmoutier, toute une flotte de charmantes chaloupes semblables à celles qui faisaient, dans mon enfance, le pilotage de la Gironde, grandes comme les vôtres, à peu près — toutes pontées — et à leurs mâts pendaient des sardinières. Notre enseignement vous dira comment ils font, et vous ne doutez pas que dans leurs bateaux sur lesquels passent les coups de mer, ils soient plus en sûreté que vous dans les vôtres.

Il y a quelque temps, je causais, avec un des bons patrons pêcheurs de Douarnenez des nécessités de la pêche à notre époque, et il me contait dans quels parages il allait souvent avec d'autres. Je ne pus m'empêcher de lui dire : « Sans connaissances nautiques, sans cartes, avec vos bateaux sans pont, c'est de la folie ».

Il se tut un moment et me répondit : « Oui, c'est vrai, il arrivera un malheur ! » Et vous savez, femmes, ce qu'est ce malheur ! Plus d'une, hélas ! le sait par expérience : ce malheur, c'est la brume enveloppant la flottile de son suaire ; ce sont les bateaux, sans provisions, dispersés, errant à l'aventure, les équipages grelottant d'eau, affamés et sans force pour résister au gros temps, c'est la tempête subite qui engloutit les marins, ce sont les veuves qui attendent et qui pleurent, ce sont les orphelins qui ont faim !

La navigation du large demande des connaissances nouvelles que la pratique de la mer ne suffit plus à donner. Ce sont ces connaissances que pourront acquérir ceux qui suivront nos cours : dites le bien à vos maris et à vos frères. Dites-leur bien qu'il n'y a pas de honte à apprendre ce que l'on ne sait pas, que seuls les sots se moquent de celui qui s'instruit ; dites-leur, dites-leur bien, que leur vie, que votre bonheur, que le sort de vos enfants vaut certes quelques railleries, et que ceux qui ont été les promoteurs de cet enseignement dans le Finistère se réjouiront s'ils ont pu défendre la vie de vos maris et de vos frères, épargner vos larmes et préparer l'avenir de vos enfants.

26 janvier 1902.

V

Inauguration de l'École primaire supérieure de Morlaix et concours des Tireurs Bretons.

MONSIEUR LE MINISTRE (1),

Vous vous êtes imposé la fatigue d'un long et rapide voyage, pour venir inaugurer une nouvelle école et pour donner une marque de sympathie à une œuvre post-scolaire, particulièrement chère à ces bons Français que sont les habitants du Finistère. Je vous en remercie au nom du personnel de l'instruction primaire, dont la loi m'a fait le chef dans ce département, et qui mérite, pleinement, par son dévouement à la République, son zèle professionnel et son sentiment élevé du devoir, l'estime du gouvernement et votre sympathie. Je vous remercie, également, au nom du Département tout entier, dont la population accueille toujours, avec reconnaissance, ce qui est fait pour la cause de l'instruction publique. Ceci n'est peut-être pas sans vous étonner. Il est d'usage dans certains milieux et dans certaine presse de dépeindre le peuple de Bretagne sous un jour peu favorable à cet égard ; c'est à tort, je puis vous l'assurer en ce qui concerne les populations du Finistère. On a pu vous le représenter comme fermé à toute idée nouvelle, comme opposé à toute instruction, comme hostile à la langue française. Eh bien ! la vérité est, au contraire, qu'aucune population n'est plus avide d'instruction que la population bretonne et que, nulle part, les écoles ne sont aussi fréquentées qu'ici. Presque partout nos maîtres et nos maîtresses sont surchargés d'élèves et j'ai trouvé, lors de mon arrivée dans le département, quelques classes recevant près de deux cents enfants ! Les classes de

---

(1) M. Doumergue, Ministre des Colonies.

moins de cinquante élèves sont la minorité et celles dont les élèves dépassent la centaine sont fréquentes dans nos écoles primaires. Je ne me hasarderai pas à vous en dire le nombre actuel, car il se produit dans ce pays un phénomène sur lequel j'appelle votre attention, parce qu'il est caractéristique. Qu'on dédouble une classe de cent élèves et, le lendemain, au lieu d'avoir deux classes de cinquante, on a encore deux classes de cent élèves ! la première contenait, matériellement, le plus grand nombre d'enfants possible, et c'est uniquement pour cette raison qu'elle n'en recevait pas davantage. Dès que l'on apprend que l'école est agrandie, les bambins affluent et le nouveau local est aussitôt empli.

Une coutume s'est établie, en ce pays, qui vous en dira long sur la préoccupation qu'ont les familles d'assurer l'instruction de leurs enfants et de suppléer à l'éloignement des écoles, souvent encore trop grand, pour qu'ils puissent fréquenter régulièrement, au moins pendant la mauvaise saison. C'est une sorte d'internat, dans lequel la famille fournit la literie et la nourriture, tandis que le maître, moyennant une faible rétribution, se charge de la préparation des aliments. Cette coutume, qui mériterait d'être généralisée, permet de recevoir plus facilement l'instruction aux nombreux enfants de ce peuple vaillant et viril qui a conservé sa généreuse fécondité, pour son plus grand honneur et pour le plus grand bien de la République. Elle a, en outre, un avantage précieux : c'est que cet internat spécial ne dégoûte pas les enfants du genre de vie qu'ils auront à mener plus tard. Ceci est d'un intérêt social de premier ordre : c'est aussi leur propre intérêt, la condition du bonheur en ce monde étant de pouvoir se trouver satisfait de la situation que l'on s'est choisie ou que les nécessités de la vie vous imposent.

On a reproché aux habitants des campagnes bretonnes de ne point montrer d'empressement à apprendre la langue nationale, mais où l'auraient-ils apprise, et qui se donnait la peine de la

leur enseigner, avant que les lois de la République soient venues
ouvrir partout des écoles ? Ce n'est pas apprendre le français
qu'aurait dû faire, pour le savoir, le paysan breton, mais
le deviner, et il suffit du rapprochement de deux chiffres pour
montrer que ce n'est pas à lui qu'il faut adresser le reproche de
ce que, souvent, il ne connait que peu ou point le français ; mais
aux régimes politiques passés qui, faisant de l'ignorance un
moyen de gouvernement, préféraient son obéissance incons-
ciente à son attachement éclairé.

La République lui a donné des écoles: on comptait en 1873 plus
de quarante pour cent d'illettrés, parmi les conscrits du Finistère. Il y a quatre ans, en 1900, la proportion était tombée à
huit pour cent et elle s'est abaissée depuis. Or, notre enseignement se faisant en français, il résulte de ces chiffres que, non
seulement le département du Finistère est un de ceux ou se
rencontrent le moins d'illettrés absolus, mais encore qu'on ne
trouve même plus, dans les nouvelles générations, huit pour
cent de jeunes gens complètement ignorants de la langue française, une partie des illettrés provenant des villes où l'on ne
parle guère que le français.

Je vous citerai, enfin, un proverbe breton très ancien que j'ai
trouvé dans un viel ouvrage de Le Gonidec, le grammairien de
la langue celtique. Il dévoile en quelques mots toute l'âme bretonne. Il est ainsi conçu : « Mieux vaut instruire le petit enfant
que lui amasser du bien ». (1) Je puis vous l'affirmer, et nul ici ne
me contredira : nos instituteurs, nos institutrices, surtout, ont
eu à souffrir, souvent et beaucoup, des rivalités d'enseignement,
mais ils n'ont jamais eu à lutter contre l'indifférence.

Tout cela, monsieur le Ministre, vous indique combien la
création d'une école nouvelle est ici un événement heureux et

---

(1) *Gwell eo diski mabik bihan*
Eged dastum madou d'ezhan.

combien on vous saura gré de l'avoir consacrée par votre présence !

. L'école que vous êtes venu inaugurer prend une utilité particulière de ce fait qu'elle est la première école primaire supérieure qui s'ouvre dans la région nord du Finistère, où existaient déjà, à la vérité, quatre établissements d'enseignement secondaire florissants et une école de commerce. C'est même à la présence d'établissements secondaires très rapprochés que l'on doit attribuer le fait que cette région soit restée, si longtemps, dénuée d'école primaire supérieure. Les familles qui voulaient donner à leurs enfants un peu plus d'instruction qu'on n'en reçoit dans les écoles primaires, leur faisaient commencer des études secondaires qui contribuaient, incontestablement, à leur ouvrir l'esprit, mais qui, insuffisamment poussées, ne leur assuraient ni une culture générale suffisante, ni les notions simples et pratiques qui sont de plus en plus nécessaires en un temps où la vie laisse de moins en moins place à l'oisiveté aimable et futile. Le travail productif est de plus en plus la loi commune, loi de jour en jour plus impérieuse, et à laquelle notre pays doit se soumettre plus que tout autre, s'il veut conserver la grande place que son passé lui a faite dans le monde.

C'est le rôle des écoles primaires supérieures de donner à la jeunesse cette éducation à la fois simple, solide et pratique, qui doit être celle de la majorité des citoyens, dans une démocratie moderne. Ce rôle n'en doutez pas, la nouvelle école de Morlaix le remplira et elle mettra son amour-propre à mériter l'honneur que vous lui avez fait en venant assister à sa naissance.

Vous m'excuserez, je l'espère, monsieur le Ministre, de vous avoir retenu aussi longtemps. Je n'ai pas su résister au désir de vous parler, trop longuement peut-être, à votre gré, d'un peuple peu connu parce qu'il est silencieux, parfois méconnu parce qu'il est modeste, et qu'un long séjour, que des rapports de tous les instants, m'ont appris à aimer, comme le meilleur, le plus digne qu'on puisse trouver, et à estimer, même dans ses erreurs, parce qu'elles sont désintéressées et sincères. J'ai voulu vous montrer sa volonté de tenir de plus en plus sa place au foyer de la grande famille française, son désir d'ouvrir son esprit au souffle moderne et je vous remercie, encore, d'être venu soutenir, par votre présence, ceux qui s'efforcent de lui fournir les outils indispensables et de combattre, au moyen de l'école, ces fléaux connexes qui étreignent douloureusement l'humanité tout entière : l'ignorance, l'alcoolisme et la misère.

3 octobre 1901.

———

VI.

Bourse de licence demandée au Conseil général par le Doyen de la Faculté des Lettres de Rennes pour un jeune Poète de Langue Bretonne.

Messieurs,

En m'associant aux conclusions de l'intéressant rapport que vous venez d'entendre, je vous prie de rétablir, dans son entier, le crédit de quinze cents francs que j'avais inscrit au budget pour la bourse qui vous est demandée en faveur de M. X...

Je n'ai pu, à mon grand regret, lire son œuvre dans le texte, mais sa pensée est d'un poëte et les voix les plus autorisées me disent que ce poëte contribuera, avec éclat, à la renaissance de la vénérable langue bretonne. Et que l'on ne croie point que ce soit un vain amour d'archaïsme, un regret puéril des choses surannées, qui me portent à vous parler ainsi.

Non ! elles ne sont pas surannées, elles ne sont pas déchues nos langues populaires, que ce soit le Breton, le Basque ou les Langues d'Oc. Elles vivent, elles vibrent dans l'âme... même de ceux qui les ont oubliées ! Elles sont issues de cette âme et cette âme s'est coulée dans leur moule. Qu'on y prenne garde : éteindre les langues dans lesquelles nos provinces pensent, c'est éteindre la pensée provinciale et avec elle l'âme nationale elle-même ! On pense mal dans une langue mal apprise, mais on peut apprendre à bien penser dans deux langues.

Certes ! nous avons le devoir d'enseigner la langue nationale : c'est le premier de nos devoirs, parce que tous les Français ont le droit de la connaître ; mais est-il utile à sa diffusion que les idiomes régionaux disparaissent ? N'est-il pas, au contraire, démontré que le seul moyen de bien savoir une langue est d'en apprendre plusieurs ?

Quelle autre méthode a employé depuis ses origines notre glorieuse Université ? N'est-ce pas au moyen du latin et du grec qu'elle a enseigé de tous temps la langue Française, qu'elle l'a formée, qu'elle en a fait l'un des instruments les plus clairs, les plus souples, les plus ailés qui aient jamais porté la parole humaine et avons-nous eu jamais à le regretter? Ce n'est que par la comparaison des formes de langage que l'esprit s'ouvre, et celui qui n'a étudié qu'une langue ne la sait point. Quelle faute ne serait-ce pas que de priver d'un élément précieux de vie intellectuelle ceux qui ont la chance ne posséder deux langues maternelles et de laisser tomber l'une d'elle dans le dédain ! Loin de les mépriser, utilisons nos langues régionales, rendons-leur leur pureté, qu'elles deviennent l'auxiliaire de la langue nationale, que leur double filtre serve à clarifier la pensée populaire et à réveiller la vie intellectuelle de nos provinces pour le plus grand bien de la grande Patrie.

Si je fais un retour à mes souvenirs personnels qui me ramènent, tout naturellement en Provence, où l'éclosion d'une littérature admirable a marqué le réveil d'une des langues de notre pays, je vous dirai que j'ai été frappé de la supériorité intellectuelle, de la connaissance plus parfaite de la langue française elle-même que montraient les jeunes gens qui avaient appris simultanément le provençal et le français et les avaient précisés l'un par l'autre.

Vous citerai-je le peuple suisse qui ne peut point parcourir son pays sans parler trois langues et qui les parle ? Connaissez-vous un peuple plus éclairé, une masse populaire plus intelligente, meilleure ; connaissez-vous un peuple plus uni, plus profondément amoureux de sa Patrie que le peuple suisse ?

Le Gouvernement de la République, d'ailleurs, a compris ce qui était dû à la langue bretonne et il a introduit son enseignement à la Faculté de Rennes où il est professé par son doyen, M. Loth. Donnez donc à votre jeune compatriote la possibilité de se former auprès de ce maître éminent pour qui, plus tard, il sera un auxiliaire précieux et dont, je l'espère, le talent animera d'un nouveau souffle la merveilleuse légende de votre race et la fera revivre dans la vieille langue que balbutiaient, peut-être, les premiers hommes et qui, longtemps encore, dira la tendresse des mères autour des berceaux.

VII.

Adieux aux employés de la Préfecture.

MES CHERS AMIS,

Dans quelques semaines il y aura sept ans que nous nous effoi-
çons ensemble d'assurer, dans toute la mesure où l'intervention
administrative le peut, la prospérité de ce département et le bien
de ces deux choses, qu. ne doivent jamais être séparées, la Patrie et la République.

Je vais quitter ce pays que j'aime, ce peuple au cœur droit et
à l'âme haute auquel je me suis attaché, d'autant plus, que je l'ai
connu d'avantage ; tellement qu'il me semble, aujourd'hui, que
c'est de mon pays d'origine que je vais m'éloigner, de celui où
je suis né, où j'ai grandi, où mon âme s'est formée ! Je ne dési-
rais plus rien, sinon y passer ma vieillesse, et cela m'est refusé,
au moment même, où j'espérais le voir à nouveau pacifié !.....

J'y ai connu de cruels moments : je crois y avoir fait mon devoir. Je l'ai fait, même vous le savez, au-delà de mes forces, et
je pars la santé atteinte à jamais. Cependant je ne me plains pas
et je défends que personne me plaigne. J'accepte sans amertume
la décision qui m'atteint : je vous prie de l'accepter comme moi,
et de vous rappeler, toujours, que le premier devoir de ceux qui
détiennent la moindre parcelle de la puissance publique, est de
témoigner de leur respect pour la discipline sociale. Ils le doivent
par leurs paroles, par leurs actes, par leurs exemples. Il n'est
pas d'anarchie plus dangereuse, pour une démocratie, que l'anarchie des services publics.

Demain vous aurez un nouveau chef : vous trouverez, en lui,
la même bienveillance, la même préoccupation de justice que
vous avez trouvées en moi ; vous lui devrez le même dévouement
et vous continuerez avec lui l'œuvre administrative, comme nous

l'avons pris ensemble, au point où l'avait laissée mon prédéces-
seur.

Quant à moi, quels que soient les jours qu'il me sera
donné de vivre, je les emploierai, comme j'ai employé ceux que
j'ai vécus, à servir de tout mon cœur et de toutes mes forces la
République, la République que mon père m'a appris à aimer,
pendant mon enfance, il y a longtemps déjà, la République
orientée vers un idéal de bonté, de tolérance et de liberté.

7 Juillet 1906.

FIN.

www.ingramcontent.com/pod-product-compliance
Ingram Content Group UK Ltd.
Pitfield, Milton Keynes, MK11 3LW, UK
UKHW021708090726
13657UKWH00005B/2121